ONGUENT POUR LA BRULURE,

OU

OBSERVATIONS

Sur un RÉQUISITOIRE *imprimé* en tête de l'Arrêt du Parlement de Paris du 27 Septembre 1788, *rendu* contre les ANNALES *de M. Linguet*,

Avec DES RÉFLEXIONS *fur l'ufage de* faire *brûler* des *livres* par la main *du* BOURREAU.

En brûlant la vérité, on ne la détruit pas : elle fort comme le *Phenix* plus vivante, plus brillante de fon bûcher : elle MARQUE fes ennemis d'un fer chauffé au feu qu'ils ont allumé pour l'annéantir. *Voyez* LA FRANCE PLUS QU'ANGLOISE, *page* 57 *de la feconde édition*, & 55 *de la premiere*.

A LONDRES.

M. DCC. LXXXVIII.

AVIS.

LA premiere partie de ce petit écrit étoit d'abord comprise dans l'ouvrage intitulé « LA FRANCE PLUS QU'ANGLOISE, » ou COMPARAISON entre la procédure entamée à PARIS » le 25 Septembre 1788 contre les Ministres du Roi de » FRANCE, & le procès intenté à LONDRES en 1640, au » Comte de Strafford, principal Ministre de CHARLES pre- » mier, Roi d'ANGLETERRE ; avec des RÉFLEXIONS sur » le danger imminent dont les entreprises de la ROBE mena- » cent la NATION, & les PARTICULIERS ». Ce morceau y étoit placé à la page 17 immédiatement après l'ÉPITRE AU ROI.

On s'est décidé à l'en détacher, & à le réimprimer à part pour des raisons aisées à deviner, & très-indifférentes pour ceux qui ne les devineront pas. On a taché de le rendre plus utile par des observations générales qui certainement tôt ou tard produiront leur effet, & achevent d'en justifier le titre.

A Me ANTOINE

SEGUIER,

Brûleur général au Parlement de *Paris.*

BRUXELLES, ce 20 Novembre 1788.

S I vous vous étiez, Monsieur, borné à faire lourdement, suivant votre usage, votre métier de réquisiteur; si vous aviez conclu tout simplement, quoique très injustement, à ma brûlure, & battu votre briquet à la Bretonne, sans joindre à ce ridicule petillement des sorties injurieuses, criminelles, & étrangères à votre sujet, je vous aurois laissé dans la foule dont vous ne méritez en effet d'ailleurs en aucun sens d'être distingué : mais vous n'avez pas même eu cette circonspection de bienséance, & de politique. Non content de brûler vous avez affecté d'outrager, & joint la diffamation à l'iniquité.

Il y a trente ans que vous martirisez ainsi les gens de Lettres par la voie du Greffe. *Il y a trente ans qu'à l'abri du* bonnet carré, *& du masque senatorial*

Curium simulans, & bacchanalia vivens;

vous faites le zélé aux dépens de qui il appartient. Il y a trente ans que suivant vos caprices, ou vos passions, vous venez ainsi, avec le bourreau pour acolite, aujour-

A 2

d'hui des Arcades *, & autrefois de l'*Allée *du* Palais Royal, *faire au* Palais Marchand *votre profeſſion de foi tantôt religieuſe, tantôt politique ; vous décernez arbitrairement la* peine *du* feu *contre de pauvres ſpéculations dont aſſurément pas une n'a jamais égalé par le ſcandale, & le danger, toutes les infamies dont vous, & la* Robinocratie *en général rempliſſez, épouvantez la* France *depuis ſix mois.*

Vous n'avez rencontré juſqu'ici aucun de ces malheureux BRULÉS *qui vous ait* pris *à* partie. *Soit foibleſſe, ſoit dédain, ſoit prudence, on vous a laiſſé verbaliſer impunement, & vomir à votre aiſe des flammes, avec des injures : perſonne n'a renverſé le réchaud que l'exécuteur votre aſſocié tient prêt pour vous aſſiſter : perſonne ne vous a noirci le viſage, comme il étoit ſi facile de le faire, de la fumée qu'y produiſent vos verbeuſes, & ſouvent hypocrites conjurations.*

L'excès de perverſité que vous avez mis dans celle qui me concerne ne me permet pas la même indulgence, ou le même mépris. D'ailleurs la poſition où nous ſommes reſpectivement l'un envers l'autre depuis le 4 Février 1775 la rend plus criminelle (1) : *& enfin mon ſéjour actuel dont vous avez la baſſeſſe de me faire un reproche, une eſpèce de crime, après avoir été complice du premier at-*

____

(1) Voyez ci-après page 13.

tentât qui m'y a déterminé, ce féjour me donne la faculté de venger les infultes communes à toute la littérature, en fefant juftice de celle qui m'eft perfonnelle. C'eft une fatisfaction que j'offre à tant d'hommes de mérite dont vous avez violé la cendre, ou injuftement taché de flétrir la perfonne, & les écrits.

Cet exemple rendra probablement les gens de Lettres *moins timides*, & *les Parquets* plus circonfpects. Ceux-ci apprendront à trembler de forcer les premiers à repouffer par des vérités énergiques des calomnies hazardées jufqu'ici fans pudeur dans l'efpoir de l'impunité. Ils fentiront que ces brûlages de papier ne font, comme l'a dit un écrivain célèbre, brûlé *auffi*, & *qui pis eft* DÉCRÈTÉ par un manege Robinefque, *que des enfantillages fcandaleux quand ce n'eft qu'une formalité*; mais que ce font des abominations atroces quand, intéreffant comme celui du 27 Septembre 1788 la fortune, l'exiftence civile, l'honneur d'un écrivain irrépréhenfible, on y procéde par efprit de vengeance, par intérêt perfonnel, & fans formalité.

Et fur ce, je fuis,

M O N S I E U R,

Votre très-humble, &c.

Signé LINGUET.

A 3

N. B. S'il y avoit des perſonnes qui fuſſent d'abord tentées de trouver ma réplique trop dure, je les prie inſtamment de fuſpendre leur déciſion juſqu'à ce qu'elles ayent tout lu, de fonger qu'ici, comme dans tout le reſte de ma vie, ce n'eſt pas moi qui fuis l'agreſſeur, & de faire un peu d'attention aux circonſtances du moment.

Il feroit bien étrange dans un tems où la *Robe* donne l'exemple des déclamations, des procédures même les plus criminelles contre les agens directs du trône, qu'elle prétendît à un hommage filentieux de la part des victimes de ſes iniquités; il le feroit lorſqu'elle montre par ſes actions comme par ſes diſcours qu'elle ne reſpecte plus rien, qu'on exigeât pour elle du reſpect même des citoyens qu'elle aſſaſſine.

Dans je ne fais quelle tragédie *Françoiſe*, on lit ce vers:

Tout ſceptre que l'on ſouille eſt un ſceptre briſé.

cette maxime ainſi préſentée, & générale, eſt très-dangereuſe : mais elle eſt rigoureuſement vraie, & utile, en la reſtraignant au *pouvoir judiciaire*.

Du Juge inférieur, quand il prévarique, on appelle au ſupérieur : mais quand c'eſt celui-ci qui eſt ou corrompu, ou tyran, & qu'il ſe révolte contre le Souverain dont la ſuprêmacie reconnue feroit le feul frein capable de le ramener à la juſtice, il ne peut plus ſe prévaloir de ces rapports qu'il enſeigne à méconnoître. Son ſceptre de plume eſt vraiment briſé : le citoyen qu'il opprime rentre dans les droits de la nature; il peut légitimement, & avec toute l'énergie dont ſa *conſtitution* l'a doué, interjetter appel AU PUBLIC : & c'eſt ce que je fais.

Dans l'écrit intitulé *la France plus qu'Angloi-se &c* j'ai vengé le trône, autant qu'il eſt poſſible à un particulier, qui n'a d'autres reſſources que ſon cœur, ſa raiſon, & la vérité, des outrages auxquels une condeſcendance bien étrange l'ex-poſe journellement de la part des compagnies de *ROBE Françoiſes :* j'ai travaillé en même tems à éclairer la NATION, la vraie nation, le TIERS-ÉTAT, ſur le danger dont la menacent les en-trepriſes des *Robinocrates ;* j'ai eſſayé de la re-veiller ſur la ſervitude que lui préparent ces *Briarées* à cent mille bras, à cent mille bou-ches, parvenus ſous la cuiraſſe pliſſée qui les enfroque à braver impunément la foudre elle-même, & déſormais en poſſeſſion, ſi l'on n'y met ordre, de violer la juſtice autant de fois qu'ils feindront de l'embraſſer pour la défendre.

Dans un autre écrit intitulé PROTESTATIONS *contre les Arrêts des* 25 *&* 27 *Septembre,* en ré-ſumant rapidement ce que les attentats de ces jours-là ont de plus contraire à l'intérêt vrai-ment national, j'ai développé ce qu'ils ont d'odieux perſonnellement contre MOI, contre les ſouſcripteurs des *Annales.* En diſant des choſes très-ſérieuſes j'ai pris la liberté de rire un peu des Majeſtés *Robines.* J'ai marché froi-dement comme *Sidrac, Miſac,* & *Abdenago,* au milieu de la fournaiſe *Parlementaire :* je n'ai pas tout à fait dit comme eux mon *Benedicite :* mais en réclamant la vraie Magiſtrature, & le juge-ment des honnêtes gens, j'ai fait juſtice en com-mun de l'injuſtice commune à MESSIEURS.

Il me reste maintenant à la faire en particulier du bouttefeu qui leur a mis en main le
flambeau dont ils brûloient de faire usage; qui
joignant une DOUBLE prévarication privée à
l'abus le plus odieux des ressources de son ministère public, a changé de prétendues conclusions *judiciaires* en un libelle diffamatoire ca-
lomnieux; libelle dont la justice se croiroit obli-
gée à faire un exemple sévère, si le coupable
n'étoit un *Robin*, qui a pour complice toute la
Robinerie, devenue en ce moment par la plus
étrange des révolutions, l'arbitre despotique, &
des loix, & des peines, & des récompenses.

Il est impossible de prévoir ce qui *adviendra*,
comme disoient nos peres, de ce triomphe aussi
effrayant que scandaleux; de cette humiliation
du trône; de cette infraction sans pudeur de
toutes les loix de la monarchie; de cette révolte ouverte que l'on a l'audace de prétendre
légitimer en l'imputant à la *nation*, en la cou-
vrant du nom de la *voix* PUBLIQUE, tandis
qu'elle n'est le résultat que des efforts intéressés
de certaines compagnies, & de leurs créatures;
tandis que la plus nombreuse, la plus saine partie
de la nation la désavoue, & la déteste : tandis
qu'en désirant une réforme devenue nécessaire
les vrais citoyens ne tendent qu'à se rallier au
trône, centre de l'unité monarchique; vrai &
seul protecteur du *peuple*; seul intéressé à le défendre, à le chérir; dont les mauvais Ministres
peuvent empoisonner l'influence, mais non pas
changer la nature; forcé pour ainsi dire malgré
lui à s'incorporer inséparablement avec le *peuple*,
y tendant toujours; prêt encore à réaliser cette

union quand les abus qui maintenant s'y oppo-
fent feront détruits..... fi jamais ils le font ;
fi la coalition du *haut Clergé* avec la *Nobleſſe*,
fi l'intumeſcence fubite de la *Robe* laiſſent le
tems, & le pouvoir de travailler à les détruire.

En attendant que l'expérience nous apprenne
s'il naîtra quelque ordre de cet excès de défor-
dre, il faut bien comme je viens de le dire
porter devant le public l'appel d'une prévarication commiſe par le foi difant *miniſtère public*,
& dont en ce moment le public peut feul
connoître.

C'eſt une étrange inſtitution en général que
ce *Miniſtère* dans une Monarchie, où, dit-on,
les Loix feules doivent regner, même fur le
Prince. J'en ai déja fait la remarque pluſieurs
fois dans mes *Annales*, & ailleurs. Il eſt contre
toute raiſon, comme contre toute juſtice, quoiqu'en ait dit le Dieu de la *Robe*, le Préſident de
Bordeaux, qu'il y ait dans tous les Tribunaux un,
& même pluſieurs hommes autoriſés à fe conſ-
tituer fans intérêt, fans preuves, au nom, difent-
ils du Souverain, *délateurs*, *accuſateurs*, de qui
il leur plaît ; à réquérir contre qui il leur plaît
des ſupplices, & des opprobres par des diffama-
tions *judiciaires*, qui elles-mêmes en font déja
un, à provoquer des peines, à les faire pronon-
cer fans redouter de punition lors même que la
provocation eſt injuſte, & fouvent fans que
l'objet de la diffamation foit entendu dans fes
défenfes.

A la vérité dans les fièges inférieurs les Pro-
cureurs du Roi peuvent être forcés de nommer
leurs *dénonciateurs* : mais outre que cette forma-

lité puérile peut être aisément éludée , il est excessivement rare que cette partie des Ordonnances soit exécutée même envers eux. Dans *les Cours Souveraines* le Ministère public a sû s'en affranchir. Depuis feu l'*Avocat-général* GUERIN pendu sous *Henri II* pour prévarications de sa Robe , il n'y a point d'exemple que justice ait été faite de ses pareils , quoiqu'il y en ait d'innombrables de leur penchant à l'imiter.

Pour en citer un tout moderne n'avons nous pas vû le même Me Antoine *Seguier*, DE QUO , attaquer dans un réquisitoire épouvantable par la forme & par le fonds , aussi fastidieusement long que stupidement cruel, le secours si noblement donné par feu le P. *Dupaty* aux malheureux que Nosseigneurs de *Paris* prétendoient se procurer le plaisir de voir *rouer* sans délai ; attendu qu'ainsi l'avoient-ils jugé? N'avons nous pas vu le P. *Dupaty* DÉCRETÉ à ce sujet sur la *réquisition* de Me *Antoine Seguier ?*

Il a été démontré par le *droit*, & par le *fait*, que le P. *Dupaty* avoit raison : ses infortunés cliens ont été absous : ils ont conservé la vie , recouvré la liberté , après deux ans d'angoisses traînés sous la terrible barre, à laquelle Me *Antoine* ne cessoit de crier de frapper. Quelle indemnité, quelle satisfaction ont-ils obtenue? La large face de leur enragé persécuteur n'a rougi que de la fureur d'avoir vu enfin renverser l'échaffaud où il se flattoit de jouir de leurs hurlemens sous la main du bourreau son serviteur.

Et à combien d'atrocités de ce genre, consommées, & impunies, & inconnues, ont concouru à frais communs le bourreau, & Me *Antoine Seguier*, depuis trente ans qu'ils exercent de concert le MINISTÈRE PUBLIC.

En voici une des moins lugubres, sans contredit : le feu auquel ce noble couple a livré le N° CXVI de mes *Annales* n'est qu'un *feu follet* qui n'a rien de bien tragique en apparence : mais à qui voudra approfondir les motifs, & les détails de cette opération combinée elle paroîtra bien atroce. Le début seul du bruleur verbal annonce assez que ce n'étoit pas la justice qui l'inspiroit, qu'il étoit préoccuppé d'une passion bien différente, & bien inflammatoire.

« Il vient dit-il, de tomber entre nos mains
» une des feuilles de l'ouvrage *Périodique* intitulé
» *Annales Politiques, Civiles & Littéraires*, par
» M. *Linguet*, Tome XV, N° CXVI.... Cet
» Auteur que *sa méchanceté & ses calomnies* ont
» forcé de s'éloigner de la *France*, s'est retiré
» dans les pays étrangers; & c'est de cet asyle
» qu'il répand avec impunité le fiel dont sa
» plume est abreuvée ».

Après avoir douloureusement avoué *que le public se dispute à qui jouira plutôt des productions envenimées* de cet Auteur, qu'il appelle des *monumens* de *cinisme*, & *d'IMPUDENCE*, fruits d'une *plume VÉNALE*, le réquérant ajoute
» il s'est promis sans doute de remplacer ce sati-
» rique fameux du siècle de *Charles V* (l'*Arétin*)
» de mettre comme lui à contribution les peu-
» ples, & les couronnes, &c ».

Le refte eft digne de ce commencement; le refte préfente le même acharnement, le même foin de donner à une prétendue rigueur juridique le caractère d'une infulte perfonnelle; d'exprimer en termes injurieux une dénonciation qui, même en la fuppofant fondée, exigeroit encore de la décence de la part du Magiftrat contraint par fa place à remplir ce Miniftère affligeant.

Quand ce *réquifitoire*, ou plutôt ce libelle vraiment criminel, n'auroit d'odieux que cette méchanceté groffière, enhardie fur-tout par l'efpoir de l'impunité, ce feroit déja un grand fcandale : il n'y a point d'homme honnête qui ne dut être indigné de voir un Magiftrat capable de s'oublier à ce point dans l'exercice des plus délicates fonctions du plus délicat des Miniftères, capable de fe porter à de tels excès à l'abri de fes *greffes*, & de fes *huiffiers*; capable d'outrager ainfi un homme irrépréhenfible, honoré d'une protection fpéciale par un grand Souverain, & en rappellant cette protection; de calomnier ainfi un ouvrage muni d'un privilège fpécial de ce Souverain, & un ouvrage dont chaque page, chaque ligne, chaque fillabe juftifient ce privilège.

Mais quelle idée fe formera-t-on de ce prétendu Magiftrat s'il fe trouve que dans cette incurfion honteufe, dans cette profcription inique, c'eft fa *sûreté* PERSONNELLE qu'il a cherchée : s'il fe trouve qu'il a joint ainfi, comme je viens de le dire, une prévarication privée à une impofture publique, enfin que c'eft un ancien attentat dont il travaille à éviter la punition par un nouveau! Voilà pourtant les vrais motifs de Me *Antoine Seguier,* & de son *réquisitoire.*

C'est la *méchanceté*, dit-il, ce sont les *calomnies*, qui m'ont forcé *de quitter la France;* il est croyable à cet égard : car ce sont les SIENNES: & pour cela même en ce moment je suis en INSTANCE REGLÉE *avec lui :* cet *Avocat-général* qui PERD *toutes ses Causes*, puisque ses *Conclusions* sont toujours dédaignées, quand elles ne me concernent pas, s'est fait un objet capital de m'enlever un état *où je n'en perdois pas*, & où ce succès constant m'avoit donné des rivaux dont sa prévarication a secondé les fureurs.

C'est lui sur les *conclusions* duquel a été rendu, *sans m'entendre*, le 4 Février 1775, l'Arrêt qui m'a enlevé cet état : & ce qui est remarquable c'est que ces *conclusions* portoient non pas sur ce que *j'avois fait :* car la grande ressource de mes persécuteurs étoit dès-lors de prétendre qu'ils avoient le privilège de me perdre juridiquement *sans alléguer de griefs*, & SANS EN AVOIR, mais sur ce que *je ne* MANQUEROIS *pas de faire* un jour (1).

____

(1) » Malgré tous les talens du S. *Linguet*, le caractère » de son esprit, la vivacité de ses démarches, &c. ne permet- » tent pas de le conserver *dans le sein d'un ordre dont* IL NE » MANQUEROIT PAS *de troubler l'union* ». Voyez le réquisitoire IMPRIMÉ de Me Antoine *Seguier* du 4 Février 1775.

Et ce qui acheve de décéler dans ce même Maître *Antoine Seguier* toute abfence de pudeur fi ce n'eft pas de raifon, c'eft que dans ces mêmes conclufions de 1775 il convient qu'il *n'a rien examiné* de ce qu'il y adopte ; qu'elles ont été *concertées* avec mes ennemis, *& rédigées entre eux* A LA HATE, que fur leur parole *il ne peut que* HATER *le moment qui doit mettre à leur délibération le fceau* DE LA JUSTICE. . . . ce font fes termes (1).

On auroit peine à croire que cette iniquité, cette barbarie, cette *impudence*, foient réelles : mais ce *réquifitoire* du 4 Février 1775 eft *imprimé* comme celui du 27 Septembre 1788 ; mais toutes les pièces relatives à cette étrange affaire font *imprimées* (2) : mais cet aveu de *fa hâte* à concourir en 1775 à la perte d'un innocent, n'eft pas plus furprenant de fa part que la manière dont il caractérife en 1788 ce N° CXVI dont il requiert la *brulure*.

Suivant fes *conclufions* relatées dans l'Arrêt, page 6, c'eft un *écrit injurieux* AU ROI, *injurieux à la nation, dont il* CALOMNIE *les intentions ; tendant à femer le* TROUBLE, *& la* DIVISION *dans les efprits ; tendant à détruire les principes de la* MORALE, *& de la* JUSTICE NATURELLES. . . . . ; & dans le réquifitoire page 5, ce n'eft qu'*une production* POUR AINSI DIRE *féditieufe.*

____

(1) *Ibid.*

(2) Voyez le Tome XII de mes *Annales* page 391 & fuivantes, où fe trouve l'hiftorique de ces iniquités & de ces *imprimés,* vraiment *impudens.*

Je me contente de livrer au mépris public l'inconféquence de 1788 : mais je n'ai jamais perdu le défir & l'efpoir de revenir contre celle de 1775. Pendant douze ans entiers j'ai été réduit par les efforts de Maître *Antoine Seguier* & de fes complices à l'impoffibilité d'en obtenir la révifion *judiciaire.* J'y ai enfin été admis l'année dernière, à l'aide de la protection de ce même Souverain que Maître *Antoine Seguier* infulte indirectement en me comparant à un infame fatirique protégé en effet par *Charles V.*

Ma *requête civile* eft pendante au *Parlement* de *Paris.* Sans les troubles de la fin, & du commencement des années 1787, 1788, elle auroit été jugée à l'une ou à l'autre de ces époques. Maître *Antoine Seguier* fait qu'il y fera pris *à partie,* que je l'attaquerai en *dommages - intérêts* PERSONNELS. En déterminant contre moi le Parlement à une rigueur injufte il s'eft flatté de me détourner de l'idée d'y pourfuivre une action dont il redoute avec raifon l'iffue : & en m'injuriant avec la groffièreté que l'on vient de voir il fatisfait dès à préfent la baffe perverfité de fon cœur.

Il y a dans le monde des hommes affez inconfidérés, affez cruels, pour trouver mauvais que je rappelle ainfi, *à toute occafion* difent-ils, mes infortunes, & fur-tout la première : mais me permet-on de l'oublier ? Mais malgré moi la mémoire, & l'influence ne s'en renouvellent elles pas à chaque moment ? Eft-ce ma faute fi au bout de 13 ans Me *Antoine Seguier* qui m'a affaffiné autant qu'il l'a pu en 1775, revient me bruler, & me bruler en m'*injuriant*; en s'efforcant de me déshonorer s'il le pouvoit, en 1788.

Mais un vieil *Avocat-général* peut-il être si furieux? Ses prévarications peuvent-elles avoir aussi peu de pudeur? Le Chef d'un Parquet si illustre. . . . . Eh pourquoi donc ce respect pour sa place, s'il la déshonore? Pourquoi cette confiance dans son titre s'il le souille? N'examinez pas l'emploi dont abuse ce diffamateur, mais l'atrocité de sa diffamation; il est *Magistrat* par le nom; mais l'est-il par le fait quand il affecte à l'occasion d'un sistême de *Finance*, erroné si l'on veut, de comparer à l'ARETIN, c'est-à-dire à un auteur dont le nom rappelle l'idée de la plus infâme dissolution, autant & plus que celle d'une satire effrenée, l'écrivain le plus réservé peut-être de ce siècle sur-tout ce qui intéresse les mœurs, le plus respectueux envers tout ce qui mérite d'être respecté?

Et puisque pour vous enhardir à apprécier l'Auteur de ce parallele il faut le démasquer complettement, apprenez donc ce que c'est que ce crapuleux vêtéran du *parquet* de *Paris*; parvenu à une espèce de fortune Civile & Littéraire, glissé dans sa *charge*, & à l'*Académie*, à la faveur d'une méprise *généalogique*, & d'une ressemblance de noms; (car quoi qu'il se nomme *Seguier* il ne tient en rien à la famille du fameux Chancelier;) décrié au Palais au point que ses *conclusions* depuis long-tems n'y sont plus suivies, & que les Juges se font un devoir de

les

les contrarier, (quand un intérêt direct ne les en rend pas complices;) expulsé par le fait, même de l'*Académie*, où depuis 15 ans il n'ose plus se présenter, parce qu'il y a été convaincu de *trahison*, & d'avoir lâchement blessé *la confraternité;* véritable ARÉTIN *pratique* dont la jeunesse licentieuse auroit été un scandale unique, une espèce de prodige sans exemple *au Palais*, si les turpitudes de sa caducité n'en étoient un plus inconcevable encore;

Voilà ce que c'est que Maître *Antoine Séguier*, depuis trente ans opprobre du *parquet*, & tant qu'il l'a pu fléau de la littérature; depuis trente ans éblouissant les audiances des phrases de son Secrétaire *Ciran* dont il est le *lecteur*, & le lecteur fastidieux; car il n'a pas plus le talent même de *lire*, que de *faire;* & la masse intempérante qui se fait appeler à *Paris* l'Avocat-général *Seguier* est un composé dont le Secrétaire *Ciran* est l'*esprit*, & Maître *Antoine* le corps.

Si après cela on me demandoit comment un pareil ambigu a pu jouir d'une certaine réputation; comment il a pu conserver si long-tems une place importante au moins en apparence, & qui donne un certain lustre à quiconque en est revêtu, quant à la réputation je ne pourrois que renvoyer aux exemples innombrables dans ce siècle, & peut-être dans tous les siècles, de ces sortes de larcins; pour certains hommes la renommée est la plus pénible des conquêtes; les talens, les vertus, y sont quelquefois des obstacles plutôt que des facilités.

B

Pour d'autres, fur-tout avec des *places*, les talens, les vertus, font inutiles : & ils fe font

Des réputations on ne fait pas pourquoi.

Quant à la permanence de Maître *Antoine* dans fon pofte, une preuve réelle, & fans replique, du mépris qu'il infpire, même à fes protecteurs, c'eft qu'il y a vieilli. Ces charges ne font depuis long-tems qu'un noviciat, une efpèce de tribune d'où l'on montre au public des hommes d'un certain nom deftinés à d'autres emplois. S'y borner de foi-même feroit un effort de vertu; & Maître *Antoine* ne fera jamais foupçonné d'aucun effort de ce genre.

On l'a confolé de fa nullité par des *penfions*, car il eft au nombre des *vampires* engraiffés par cette voie du fang des peuples : j'ignore combien cet homme qui m'accufe page 5 de fon *réquifitoire*, d'avoir une *plume vénale*, tire de ces foldes prodiguées à l'inutilité par la foibleffe. Mais je lui en connois une de 24000 liv.

D'ailleurs ce n'eft pas *pour rien* que l'efprit *Ciran* l'aide à fervir le public en rempliffant le *miniftère public*. Par le plus inconcevable de tous les abus, ce fecrétaire, & en général tous les fecrétaires de la *Robinerie* en *France* font autorifés à recevoir, reçoivent *des deux mains*, ce qu'ils exigent des *deux parties : l'extrait* fe paie également par celle qui doit *gagner*, comme par celle qui doit *perdre* fon procès : & ces fruits fecrets de la *jugerie* vont énormément haut dans les Parlemens.

J'ai moi en perſonne entendu avouer à l'eſprit *Ciran* que ſon cabinet lui valoit au moins 30000 livres par an dans *le bon tems*, c'eſt-à-dire, quand *ſon corps* n'étoit pas encore ſi complettement décrié, & que leurs *concluſions* non brulantes pouvoient influer ſur les Arrêts. Or il étoit notoire au Palais que de ces 30000 livres.

Le *Ciran* à Monſieur en rendoit quelque choſe,

Qu'il fourniſſoit plus que *la paille* à la maiſon; & ſi le lecteur aſſocié de Me *Ciran* même dans ſa recette *ambidextre*, peut prouver que ma *plume vénale* m'ait jamais valu, comme il l'entend, la cent millième partie de ce que lui vaut ou la *penſion* extorquée du Gouvernement, ou la confraternité pécuniaire de ſon ſecrétaire, je me ſoumets à lui abandonner la très-modique fortune que n'ont pu m'enlever ſes iniquités, celles de ſa compagnie, celles de leurs complices de tout rang, qui ont vingt fois ravagé mes propriétés, qui en ce moment en détruiſent une, dont je commençois à peine à recueillir les fruits.

P. S. A Me *Antoine* Séguier.

Non, lâche calomniateur ma plume n'eſt point *vénale :* mais grace à une aiſance acquiſe par le plus prodigieux travail, & le plus irréprochable, accrue par une ſcrupuleuſe économie, aſſurée par un ordre imperturbable, par un eſprit d'arrangement que la nature m'a donné, peut-être pour contrebalancer les dérangemens éternels auxquels mon deſtin me voue, elle a toujours été, elle eſt, elle ſera toujours indépendante.

Voilà pour le moment tout ce que j'ai à vous dire. Et je n'ajoute plus qu'un mot. Convoquez votre conseil, c'est-à-dire vos complices. *Concertez entre vous*, A LA HATE ou avec réflexion, de nouvelles injures : concluez au brulage de de cet écrit, je vous le permets.

Ne dites pas pourtant que ce font des *calomnies*, parce que vous m'obligeriez de *tout prouver*, de révéler vos accointances avec..... avec..... avec..... mais dites que cela est indécent; qu'il est triste que la ROBE *noire*, & même *rouge*, ne soit pas une égide contre les coups de plume d'un écrivain téméraire; qu'il est étonnant que l'habitude d'être témoin & victime de vos iniquités, n'ait pas encore façonné mon cœur indomptable à les endurer avec patience; dites enfin tout ce que votre secrétaire croira bon à vous faire déclamer *pro aris & focis;* je rirai avec le public, & de vos petits buchers, & de votre froide éloquence, & des phrases de *Ciran* enmanchées dans votre *fausset* des audiences.

Mais plus d'excursions étrangères, plus d'insultes ni indirectes au grand Prince par qui je fais gloire d'avoir été adopté, ni directes *à moi*, ou bien..... je vous ferai sentir ce que peut contre un Magistrat imposteur, prévaricateur, un simple particulier dont le cœur est pur, dont l'ame est ferme, & dont la personne est à l'abri de vos attentats ROBINESQUES.

RÉFLEXIONS *sur l'usage de faire brûler* DES LIVRES
par la main DU BOURREAU.

EN général il semble qu'il ne faudroit jamais
allumer du feu que . . . . . . dans les cheminées.
Entasser des fagots en cérémonie, les allumer
pour brûler. . . . DES HOMMES, est une vieille
abomination *gothique* dont sans doute les Tribunaux *François* rougiroient, frémiroient, s'il étoit
possible qu'une étincelle de vraie philosophie
pénètrât sous cette cuirasse lugubre & froncée
qu'on appelle ROBE.

C'est une chose assez remarquable que cette
peine effrayante, & effroyable, se soit natura-
lisée dans la jurisprudence *Françoise* sans être
fondée sur aucune Ordonnance, & que l'applica-
tion en soit laissée absolument à *l'arbitrage des
Juges.* Quand ils *rouent* au moins c'est en vertu
d'une loi précise; mais ils ne brûlent que pour
leur *bon plaisir.* Les commentateurs reconnoissent
que c'est une *jurisprudence d'*ARRÉTS.

Il est bon d'observer encore que dans les
idées de nos graves Jurisconsultes elle est quelquefois regardée comme un *adoucissement*, ou
comme une marque de déférence pour *le sexe* :
les femmes sont exemptes de la *roue* : mais dit
froidement *Jousse* le Commentateur, AU LIEU
DE CELA, (de la roue) *elles font* PENDUES,
ou BRULÉES, *suivant la nature du crime.* PENDUES,
ou BRULÉES, *mesdames*, & le choix dépend de
la passion, ou des lumières d'un *Procureur du Roi*,
témoin l'affaire de la *Salmon !*

Il eſt vrai que la ſeconde partie de cette alternative eſt ſuſceptible de modifications déja uſitées dès le tems de Mad. *de Sevigné :* elle raconte qu'ayant eu la curioſité de voir l'exécution de *la Voiſin*, elle cauſoit en attendant qu'on *commençât*, avec un garçon bourreau acteur principal de la pièce : elle marquoit ſon horreur du ſupplice : brûlée vive ! s'écrioit-elle en palpitant : oh il y a des adouciſſemens dit gaiement le ſous-exécuteur : & quels ! — Nous leur jettons des *buches ſur la tête*, ou nous leur entamons le *crâne à coups de croc.*

Ces principes *de douceur* ſe ſont perpétués de bourreaux en bourreaux comme de juges en juges. Et qu'on diſe que notre juriſprudence n'eſt pas humaine, qu'elle a beſoin de réforme !

N'y ayant point de loi en *France* qui preſcrive de brûler des femmes, & même des hommes, il ſemble qu'on pourroit s'en diſpenſer : car enfin ces êtres *à deux pieds ſans plumes* ne ſont pas bons ROTIS. Jamais vieil Avocat-général, ou ancien Procureur du Roi, même dans leurs orgies palatiales, ne s'en ſont fait ſervir de rable; & ſi les plus honnêtes gens du monde, vivans, ne ſentent quelquefois pas trop bon, qu'on juge combien doit puer horriblement un coquin riſſolé à *feu d'enfer* en place de *Grève :* & ſi c'eſt un INNOCENT !

Il paroît par les regiſtres des *caſſations* qu'il n'y a guère d'années où les petites inadvertences de MESSIEURS n'en expoſent quelqu'un dans l'une ou l'autre de nos Provinces à donner cet odorant fpectacle aux curieux de la contrée : la légiflation du 8 Mai 1788 auroit été favorable au moins pour eux.

Ce répit de *quatre femaines*, cette pierre de fcandale *anti-conflitutionnelle* donnant le tems de la réflexion, à coup fûr on auroit fenti, au moins *à la Cour*, que cet appareil & cette dépenfe n'étoient jamais néceffaires; qu'un coupable feroit toujours fuffifamment puni fi on l'étrangloit; qu'un innocent le feroit toujours trop fi on le *flamboit* à feu ouvert; que quoique toutes les victimes opiniâtrément deftinées à cette cuifine de la *Robe* ne foient pas auffi jeunes, auffi jolies que la célèbre *Salmon*, ce feroit cependant toujours dommage de facrifier cinq cens fagots pour confumer même une vieille carcaffe qui auroit été condamnée par MESSIEURS, *pour les cas réfultans du procès*, quand il n'y auroit point *de cas* dans le procès, & même quand il y en auroit.

Les Miniftres font affez comme les enfans quelquefois très cruels, & quelquefois très fenfibles : ils fignoient jadis fans pitié des *Lettres de Cachet*, parce qu'ils n'avoient pas le tems d'en pefer les fuites, ou parce qu'ils étoient vivement follicités, &c. mais ils auroient rarement prêté les mains à ces rôtifferies *judiciaires*. Pour bien des gens, & fur-tout pour des *Commis*, ENFERMER un homme ce n'eft rien : pour tout le monde, hors MESSIEURS, le brûler c'eft quelque chofe.

B 4

Il eſt donc probable que ce fleuron de la Couronne de *Thémis* s'en feroit infenſiblement détaché : l'uſage de ces bruyantes & coûteuſes brûleries ſe feroit perdu peu-à-peu : on ſe feroit débarraſſé à moins de frais des ſcélérats incorrigibles. On auroit eu les *fagots*, & les INNOCENS de reſte, ce qui eſt toujours une économie ; & dans quelques ſiècles il ſe feroit peut-être trouvé ſur les *Fleurs-de-Lys* quelques bonnes têtes qui feroient convenues que le droit de griller des humains mâles ou femelles, juſqu'*à ce que mort s'enſuive*, de les traiter ainſi plus mal que des *lapraux*, ou des *cochons de lait*, n'étoit pas immuablement lié à la *Conſtitution*.

Mais cette pauvre légiſlation ayant été *brûlé* elle-même, en place publique, à *Rennes* par Mᵉ *Tronjolli* d'incendiaire mémoire (1) ; tous ſes partiſans ayant été déclarés, & étant à l'avenir tenus pour *traîtres à la patrie*, INFAMES, &c. le droit de continuer à *queſtionner* les condamnés par la voie des *coins*, des *pintes d'eau*, des *ſerviettes* entonnées de force, & arrachées de force, des *goutes d'eau* épanchées dans le creux de l'eſtomach, des *mêches*, &c ; celui de les interroger *more majorum* ſur la *ſellette* au gré des caprices d'un *Seguier* de village, qui aura *conclu* ſans ſavoir lire, *à peine afflictive*, celui de les faire *pendre, rouer, &c.* DANS LES 24 HEURES de l'Arrêt, &c. &c. &c. ayant été reconnus pour autant de parties intégrantes de la monarchie, & des prérogatives CONSTITUTIONNELLES de la *Robe*, il eſt clair que celui de

____

(1) Voyez les *Annales Politiques*, *&c.* Tome XV, p. 149.

BRULER dans les mêmes termes doit y être également compris.

D'ailleurs il y a une excellente raiſon qui en
juſtifie l'uſage : c'eſt qu'inconteſtablement un
homme ou une femme qu'on a *brûlés* n'exiſtent
plus : l'odeur une fois paſſée, & la place bien
balayée, il n'en eſt plus queſtion : le peuple
en ramaſſe, en conſerve bien quelquefois les
petits os, comme il a fait de ceux de St. DES-
RUE, &c, ce qui pour le dire en paſſant, prouve
que ces horribles ſupplices ne ſont pas merveil-
leuſement utiles, même pour l'*exemple :* mais en
général il eſt ſûr que l'individu ſur le corps duquel on a réduit en cendres la valeur de cin-
quante ou ſoixante voies de bois, en *buches,*
ou en *cotrets,* ſuivant les *Us* du pays, fut-il un
Hercule, n'y réſiſte pas; & qu'en peu de minu-
tes il eſt hors d'état de donner jamais la moin-
dre inquiétude tant à *Meſſieurs* qu'aux *témoins* &
accuſateurs dont ils ont ſi leſtement conſacré les
pourſuites (1).

---

(1) Ceci n'eſt point une plaiſanterie : au moment où
j'écris *il vient de tomber entre nos mains,* pour parler en
ſtyle de *réquiſitoire,* un réquiſitoire NORMAND des plus curieux : il eſt daté du 9 Octobre 1788, & ſigné du Pro-
cureur-général de *Rouen.*

Ce brave *Neuſtrien* ne manque pas de s'y épanouir aux
dépens de la défunte légiſlation : il en fait la critique dé-
taillée par l'énumération des avantages attachés aux *Us
& Coûtumes* de l'ancienne *penderie, rouerie* & *brûlerie* Parlementaire : ainſi *la queſtion* infligée aux condamnés à mort

Mais en eſt-il de même des *livres?* Cette exécution pratiquée habituellement dans tous les

---

lui paroît un excellent préſervatif contre le reſſentiment des
patiens; elle empêchera dit-il page 9 « les complices d'un
» chef de brigands , incendiaires , empoiſonneurs, &c.
» d'aſſouvir leur vengeance contre *le plaintif &* SES TÉ-
» MOINS ».

Mais ſi, n'en déplaiſe au réquiſiteur *Normand*, le *plaintif
& ſes témoins* étoient des calomniateurs, comme ceux qui
accuſoient les *Salmon*, les *Calas*, les *Lardier*, &c. &c. &c.
la queſtion qui empêchera qu'on ne les démaſque eſt-elle
une ſi bonne choſe? Le *plaintif & ſes témoins*, même en
Normandie, ſont-ils donc plus précieux à la juſtice, que
la juſtice elle-même, & l'innocence?

Le même Magiſtrat, à la page précédente, aſſure que
l'unique fruit du fameux *répit d'un mois* auroit été de donner aux condamnés la facilité *d'aſſommer* tous les Géoliers,
ou *d'en être aſſommés eux-mêmes* , ce qui auroit, inſinue-t-il,
rendu ces places importantes de *porte-clefs trop difficiles à
remplir;* d'où il conclud qu'il vaut bien mieux étrangler,
rouer, brûler, *ſur le champ*, attendu que les étranglés ,
roués, brûlés, n'aſſomment perſonne, & ne donnent aucun
embarras à garder.

Les *morts ne mordent point.* C'eſt le principe qui coûta
la vie il y a dix-huit cens ans au grand *Pompée.* Qui ſe
feroit attendu que le plus abominable des adages, une ex-
halaiſon de ſcélérateſſe vouée à l'exécration de tous les
ſiècles deviendroit un jour en *France* un principe de *réquiſitoire,* qu'un homme de Loi l'employeroit ſérieuſement à
juſtifier la Juriſprudence expéditive d'un Tribunal de Juſtice !

eas, fur un feul individu de ces familles dont chaque génération fuppofe toujours une fécondité

Au refte pour effayer de calmer la tendre follicitude de
l'infpecteur en chef des prifons de *Rouen* &c fur le fort
de fes *Géoliers*, on peut lui obferver que dans l'ancienne
Rome les condamnés dès les premiers tems *des Empereurs*
avoient un répit de *dix jours*, étendu enfuite à *trente*. Ils
n'y gagnoient rien fous les tyrans, qui violoient fouvent cette Loi, comme toutes les autres, & traitoient les
Romains profcrits par eux, à la mode Parlementaire de
France. Mais le *répit* en lui-même, & par fon objet, n'en
fut pas moins regardé comme une des plus fages Loix por-
tées par le Sénat, comme un bienfait réel envers l'huma-
nité : on ne voit point qu'il ait donné d'allarmes aux au-
guftes Corps des *Géoliers ;* ni qu'ils en aient été plus bat-
tans, ou plus battus, dans leurs triftes domaines.

Ce même répit borné d'abord aux décifions judiciaires
des Tribunaux réguliers, devint univerfel, & commun à
toutes les condamnations fous *Théodofe* : & l'origine de
cette extenfion eft remarquable : elle fut de la part du
Prince un monument de repentir, & un acte de pénitence
expiatoire pour une décifion fanguinaire trop hâtivement
prononcée. Non-feulement le grand *St. Ambroife* l'approu-
va : mais il la follicita. Il crut en l'obtenant remplir un
devoir tout à la fois de charité Chrétienne, de bienfefance
paftorale, de circonfpection politique. Et voilà des gens
de *Robe*, avec des *plaintifs*, & *des témoins*, qui s'acharnent
à crier que ce même Réglement eft un acte de cruauté, de
tyrannie, & d'imprudence!

A jufticia Normanorum *libera nos Domine.*

plus ou moins étendue, ne réunit-elle pas une injuſtice révoltante, & une inconféquence ridicule, à la plus complette inutilité?

1º. Elle eſt eſſentiellement *injuſte* par ſa généralité même. C'eſt une formule indiſtinctement applicable, & appliquée *à tous les cas* : nous avons vu la *Robe* dans ſes délires, ou dans ſes févèrités, faire également BRULER des mandemens d'*Evêques* & des livres *impies*, des Loix *Royales*, & des libelles ſcandaleux, des productions avouées, approuvées, & des ſatires anonimes, &c. Sans doute il n'eſt pas poſſible que toutes ces productions, en les ſuppoſant toutes repréhenſibles, le fuſſent au même dégré.

C'eſt le célèbre *Languet*, qui a je crois le premier dit ce mot devenu proverbe, que *brûler n'eſt pas répondre* : apparemment que l'inſtruction paſtorale de cet Archevêque de *Sens*, quoique d'un Archevêque de *Sens*, n'étoit pas auſſi *brûlable* que le *ſyſtême de la nature*. Les numéros CVII, & CVIII des *Annales* contenoient des textes de Loix, & d'Ordonnances alors réputées *enregiſtrées* & valides: du CXVI dix pages ſeulement rouloient ſur un ſyſtême erroné ſi l'on veut, mais public depuis dix ans, mais adopté, ſoutenu tous les jours impunément, & ſans conféquence, dans la ſociété, par une multitude d'hommes honnêtes; il eſt difficile que ces dix pages fuſſent auſſi dangereuſes que le *judicium francorum* qui tendoit à rendre problêmatique l'ordre de la ſucceſſion à la couronne.

C'eſt là le cas d'appliquer l'adage Latin

adſit

Regula peccatis quæ pœnas irroget æquas.

Un Médecin qui n'a qu'un remede eſt néceſſairement un charlatan : une juriſprudence qui n'a qu'une *peine*, & qu'une *formule*, eſt non moins infailliblement une jugerie tyrannique, & une chaîne d'iniquités.

Dans celle-ci l'*inconſéquence* ſe joint à l'injuſtice. Quel eſt, quel peut être l'objet de cette condamnation ignominieuſe prononcée avec tant d'appareil contre l'ouvrage ? C'eſt ſans doute de *flétrir*, & par conſéquent de *punir* l'Auteur.

Mais il eſt conſtant, & *de fait*, qu'en *France* la brûlerie d'un *imprimé* ne *flétrit* pas l'auteur. Malgré l'intervention du BOURREAU dans la cérémonie, le ſentiment intime, & exquis de la Nation, d'ailleurs ſi délicate, & quelquefois ombrageuſe juſqu'à l'excès ſur le *point d'honneur*, l'a préſervée du *préjugé* en cette matière : & c'eſt la légèreté avec laquelle on y prodigue la peine qui a rendu la peine ſans effet.

Tous les honnêtes gens, ſans s'être concertés, ont ſenti qu'en général des opinions devoient bien rarement être miſes au rang *des crimes*, & qu'elles ne pouvoient pas toutes être un crime égal. L'impoſſibilité que la condamnation fut toujours juſte a fait prévaloir l'habitude de n'y attacher jamais aucune importance. Les *brûlures* d'appareil ne ſont plus que des farces remarquables ſeulement par l'eſcamotage qui ne manque jamais d'y avoir lieu.

L'exécuteur, *greffier*, ou *bourreau* (1) substitue
au patient un chiffon qui subit seul la rigueur
du supplice : il s'approprie le prétendu libelle,
& commet ainsi sous les yeux, sous la main
de la justice un larcin dont elle est la première
à rire. Un supplice aussi général, aussi gaiement
infligé, lors même qu'il est motivé, ne peut em-
porter, & il n'emporte en effet aucun opprobre.

Il est vrai que l'Arrêt qui le prononce peut
quelquefois réussir à *punir* l'Auteur : c'est-à-dire
lui faire un tort *pécuniaire*; & celui qui concerne les *Annales* a réellement eu cet effet.
Mais alors s'il est inique l'injustice en est plus
atroce, sans que la procédure en soit plus

---

(1) Je demande bien pardon aux Greffiers de les accoller
avec ce camarade : mais ce n'est pas ma faute s'ils fra-
ternisent avec lui dans ces sortes de procédures : & si je
trouve sur l'Arrêt imprimé, *l'exécuteur de la haute justice*
assisté de *François Louis* Dufranc *Ecuyer*, &c.

Si la *Magistrature* peut *légitimement* désobéir *au* Roi
quand il juge à propos d'après des vues sages, & bienfe-
santes, d'en fixer la jurisdiction, & de lui prescrire de nouvelles bornes, ou une autre étendue; s'il lui est permis de
crier qu'elle est *déshonorée*, parce qu'elle aura moins de
causes à juger dans tel, ou tel lieu, &c, de soutenir cette
illusoire, cette criminelle délicatesse, par les plus criminelles, les plus audacieuses manœuvres, il semble que les
Officiers subordonnés à la Magistrature pourroient bien
malgré ses ordres se refuser à un service essentiellement
ignominieux pour eux par lui-même, absurde par son objet, & préserver leur *Ecuyerie* de la honte de participer à
ces extravagantes brûleries.

conséqnente : & même en le suppofant *équitable*
on eſt toujours autorifé à demander pourquoi
cette coalition de *l'exécuteur* avec le *greffier*,
pourquoi cette confraternité de *l'Avocat-général*
& du *bourreau*, dans une affaire de *littérature?*

Ce n'eſt pas parce qu'il eſt *brûlé* que l'ouvrage
ceſſera d'être diſtribué *périodiquement*, par les
voies ordinaires. Une ſimple interdiction avec
la menace de la *pourſuite extraordinaire* contre
les diſtributeurs auroit ſuffi pour en interrompre
efficacement le cours. Si l'adjonction du réchaud
n'eſt pas flétriſſante, elle eſt donc complettement inutile ; & des juges peuvent-ils ſans inconféquence, ou plutôt *ſans crime* ſe permettre
des rigueurs inutiles?

J'avoue que quand la paſſion eſt bien enflam-
mée, & le defir d'humilier l'auteur bien violent,
on a la reſſource du *réquiſitoire*, de l'Arrêt, &
de ſon *intitulé*. qu'on IMPRIME en gros caractè-
res ; qu'on fait CRIER avec fureur dans toutes
les rues ; qu'on AFFICHE avec profuſion au coin
de toutes les rues, de manière à faire lire de
cent pas au peuple, qui ne refléchit point......
M. LINGUET LACERÉ, ET BRULÉ PAR LA MAIN
DU BOURREAU.

Ces groſſes ſottiſes répétées enſuite dans toutes les Gazettes, reveillant, & nourriſſant ſuc-
ceſſivement le ſcandale à différentes diſtances,
comme ces cercles formés par les pierres qui
tombent dans l'eau, peuvent faire quelque im-
preſſion ſur un certain public, mais elle n'eſt
pas durable : ce n'eſt pas ce public qui fait com-
munement les réputations ; & quand en effet
il diſpoſeroit comme il arrive quelquefois de

la gloire, si ce calcul, si la supputation de l'effet de ces manœuvres entroient dans l'attachement des Magiſtrats à leur brûlante procédure *anti-littéraire*, elle ſeroit ſi atroce, ſi réellement honteuſe, que dans tous les ſens il vaudroit cent fois mieux être *brûlé* que *brûleur*.

Je viens de prouver que ſon inconſéquence contribuoit à la rendre moralement *inutile* & qu'elle n'influoit point ſur *l'honneur* de ſes victimes. Ajoutons qu'elle eſt encore moins fructueuſe au *phiſique*. Quoique dans ce moment MESSIEURS ſoient tout puiſſans ; quoiqu'aujourd'hui ſur-tout la *Simarre* chaperonnée aille au moins de pair avec le *manteau royal* dont elle a bien jauni l'hermine, cependant quand un ouvrage leur déplait ils ne peuvent jamais en *brûler* qu'UN *exemplaire*. Le reſte de l'édition n'en eſt que plus recherché.

Semblable même aux têtes de l'*Hydre* le volume détruit en enfante des milliers : fut-il auſſi plat qu'un *réquiſitoire* ſa cendre fertiliſe toujours quelque preſſe qui le reproduit : & ce n'eſt pas tout. Si l'auteur eſt courageux, ſi ſur-tout il eſt irréprochable, dans ce tems où la Magiſtrature à force de s'enfler, a obligé les bons citoyens à refléchir ſur les bornes naturelles de ſa grandeur, il peut ne pas ſe croire aſtreint à un reſpect bien ſcrupuleux pour de prétendus organes des Loix qui les violent toutes ; il peut être tenté de ramaſſer un tiſon de ſon bucher, & d'en barbouiller le viſage de quelques-uns des brûleurs : ce qui, avec le tems, comme je l'ai dit en commençant, pourra paroître de part & d'autre mériter quelque conſidération.